博 物 之 旅

真理的钥匙

科学

芦 军 编著

安徽美术出版社
全国百佳图书出版单位

图书在版编目（CIP）数据

真理的钥匙：科学/芦军编著.—合肥：
安徽美术出版社，2016.3（2019.3重印）
（博物之旅）
ISBN 978-7-5398-6676-5

Ⅰ.①真… Ⅱ.①芦… Ⅲ.①科学知识—少儿读物 Ⅳ.①Z228.1

中国版本图书馆CIP数据核字（2016）第047087号

出 版 人：唐元明　　　责任编辑：程 兵　张婷婷
助理编辑：方 芳　　　　责任校对：吴 丹　刘 欢
责任印制：缪振光　　　　版式设计：北京鑫骏图文设计有限公司

博物之旅

真理的钥匙：科学

Zhenli de Yaoshi Kexue

出版发行：安徽美术出版社（http://www.ahmscbs.com/）
地　　址：合肥市政务文化新区翡翠路1118号出版传媒广场14层
邮　　编：230071
经　　销：全国新华书店
营 销 部：0551-63533604（省内）0551-63533607（省外）
印　　刷：北京一鑫印务有限责任公司
开　　本：880mm×1230mm　1/16
印　　张：6
版　　次：2016年3月第1版　2019年3月第2次印刷
书　　号：ISBN 978-7-5398-6676-5
定　　价：21.00元

目录

目 录

天气预报是怎么来的？

　　我们每天都要看天气预报，以便确定第二天能干什么不能干什么。你知道最早的天气预报是怎么来的吗？

　　在古时候，人们只有抬头看天空才能知道天气将会怎样变化。在1854年11月4日，一阵暴风将英法联军的军舰疯狂地摔到海岸的岩石上，顷刻之间一个战无不胜的庞大舰队就消失了。法国皇帝拿破仑三世震怒，于是命令巴黎天文台调查这件事。一个叫勒威耶的天文学家发

现这次事故是由大西洋上传来的低气压引起的。此后，在皇帝的命令下建起了气象观测网。他们利用电报传送气象信息，绘制天气图，进行天气预报。从此，天气预报开始发展起来。

什么是太空棉？

太空棉其实不是棉花，它是一种保温性能极好的高技术材料。它之所以叫太空棉，是因为最初被用于缝制宇航员的太空服。

缝制服装的太空棉，由5层不同的材料结合而成。底层是化学合成纤维腈纶绒，然后是非织造布、聚乙烯膜、铝钛合金薄膜和

尼龙绸保护层。

太空棉能抵御寒气入侵，保护体温，主要是靠第二层铝钛薄膜起的作用，它能把人体散发的95%以上的热量反射回人体。热量出不去，冷气也进不来，体温自然能保持了。

地球变暖会造成什么后果？

　　地球气候正在变暖已是一个不争的事实。近几年，许多地方都出现了暖冬现象。科学研究认为，地球变暖是由温室效应引起的。

　　随着人口的不断增加和工业化的发展，人类对煤和石油的消耗越来越大，排放在空气中的二氧化碳等温室气体也越来

越多。由于二氧化碳具有保温作用，所以地球上的气候也因此而慢慢变暖。

地球变暖的后果是极其严重的。地球变暖了，一些干旱地区的旱灾就会更加严重，并越发频繁，森林和草原的火灾也会更多，并导致温室气体的进一步增加；由于地球变暖，温度升高，含有大量水体的两极冰层将要融化缩小，高山冰川也要后退，一部分冰川会消失，这就使海洋水量大增；海洋水体又由于温度升高而膨胀，导致海平面上升，致使一些低地、滩涂、海岛和海滨会被淹没。

目前，地球变暖已经引起广泛关注，人们在为治理大气环境而不断努力。

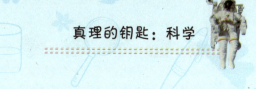

雾出现在早晨为什么可能是晴天？

当大气水汽较多时，到了下半夜或者早晨，由于气温降低，当水汽超过了饱和状态，就会凝成细小的水滴，在地面形成雾。

这种雾一般是在高气压附近生成，而高气压附近往往没有雨云。这样，阳光就可以直接照射在雾上。

博 物 之 旅

温暖的阳光使雾中的小水滴蒸发，把雾驱散了，天空就会放晴。

为什么下雪不冷化雪冷？

在冬季，冷空气一股一股从北方向南移动，当它与从南方来的暖湿空气相会时，就会阴云密布，产生降雪。在下雪以前，冷空气的势力一般比较弱（因而风也很小），当冷空气势力加强时，暖湿空气

被上抬，变成云。这时天空布满了云层，像盖了一层被子一样，

地面的热量不易散失掉，并且水汽在凝结成雪花的过程中会放出热量。所以，在冬天降雪前和降雪时人们不会感到很冷。而后，当冷空气势力继续加强，控制了当地时，就会雪停云消，天气转晴。这时，温度受冷空气的控制，一般多刮偏北风，又由于失去了云层的保温作用，加上融雪时会从空气中吸收热量，气温就会随之下降，人们自然就会感到天气更加寒冷了。

什么是光的反射？

　　生活中，我们能看到五颜六色的物体，看到美丽的世界，这些都是因为光的反射作用。

　　我们做一个实验，用一个手电筒分别照射一张白纸和一个镜子，结果却发现白纸比镜子亮得多。这是为什么呢？

　　按理说，镜子反射光的本领比白纸大得多，为什么白纸

反比镜子亮呢？原来，纸的表面布满微小且坑坑洼洼的小坑，来自外界的光射到这种表面上，就被凹凸不平

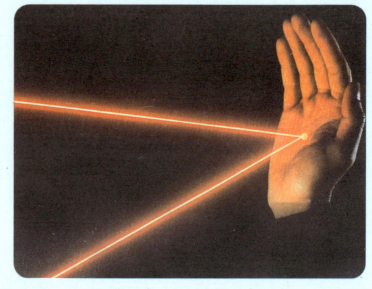

的表面反射到四面八方，形成了所谓的漫反射。而镜子由于表面非常光洁，光束照到上面，不会向四面八方反射，只能沿着某个确定的方向反射，人们把它叫作镜面反射。科学家发现，人之所以能看见世间万物，辨别它们的大小和形状，都要归功于漫反射。

人眼睛看物体为什么近处大，远处小？

　　我们看风景时发现，远处的树木比近处的树木看起来要小得多，远方的高山看起来也不如近处的楼房高。这是为什么呢？

　　原来，我们眼睛里的水晶体就好像一面凸透镜，视网膜

则相当于一个面。若想看清楚某个物体,必须使它的像落在视网膜上。从眼睛的瞳孔中心对物体张开的角叫视角,视角的大小决定了视网膜上物体成像的大小。同样高的两棵树,离眼睛远的一棵,它的视角小于近处的那棵,因而它在视网膜上成的像就比近处的小。近大远小就是这个道理。

雷电有什么奥秘？

　　很多小朋友都害怕打雷，尤其是一边打雷，一边闪电，真好像是天地在发怒一样。

　　雷电到底是怎么回事呢？原来，厚厚的云层由于气流的摩擦分别带上了正负不同的电荷，这些电荷聚集在云层的两端，

并且随着云层的增厚而不断增加，当电荷增加到一定程度，就会穿过云层放电。正负电荷中和时会放出大量的热量，使空气因迅速膨胀而发出巨大的响声，这就是雷声，放电时产生的耀眼光芒就是闪电。

怎样利用遥感技术探矿？

遥感技术是一种新兴的探测技术，它可以从高空感知地下和海底的宝藏。探矿用的遥感技术，现在有四种：可见光、红外线、微波和多波段。

可见光遥感就是用特种照相机，在高空对地面一张张连续拍照，然后把大量的照片拼起来，就是一张地球的全身照片。

人们不必再翻山越岭进行实地勘测，而只要根据相片和少量的地面实况就能绘制出一套地形、地质、水文图，不仅效率高，而且质量好。

可见光遥感的弱点是到了夜晚就无法工作。因此，人们制成了能在漆黑的夜晚应用的红外线遥感设备，它可以探测沉睡在地下的各种矿藏。

红外遥感虽然不怕黑夜，可是对阴天有雾的天气无能为力，于是人们发明了能穿云透雾的微波遥感。微波遥感的种类很多，侧视雷达就是其中的一种。侧视雷达靠它的天线先发出无线电波，然后接收地面物体不同的反射波。它能破云雾、透森林，弄清地表结构和矿产资源。

煤为什么被称为黑色金子？

煤是古代植物深埋地下，在一定的温度和压力的条件下，经历漫长的时代和复杂的化学变化而形成的。它是一种可以燃烧的含有机质的岩石。

煤的种类很多，按煤的含碳量分为泥炭、褐煤、烟煤和无

烟煤四大类，一般居民使用的是无烟煤。乌黑而平凡的煤，经过化学加工，可生产出煤气、煤焦油、化肥、农药、合成染料、塑料、糖精、医药品和合成橡胶等产品。因为煤的蕴藏因地理的不同而不同，有些国家含有丰富的煤炭资源，有些国家煤炭资源却很贫乏。所以，煤被人称为黑色金子。

金银为什么不易生锈？

　　我们见过金戒指、金项链、银手镯，它们都是金灿灿、亮晶晶的。而一些铜器、铁器上面都有很多锈。那么，为什么金银不易生锈呢？

　　原来，金银喜欢"孤独"，它们的化学性质很不活泼，只能与很少的东西化合。在空气里，它们什么也不理了，孤孤单单，保持它们的金银本色。但是金银的脾气特别倔强，即使在1000℃的高温下，它们依然很是坚定，所以大家说："真金不怕火炼。"

人体可以导电吗？

电是现代生活中不可缺少的能源，我们生活中的电灯、电视、冰箱、洗衣机、电脑等都离不开电，因此电是我们的朋友。我们在享受电带来的种种便利时，还应看到电也有不安全的一面，用电时稍有不慎就可能发生触电事故。之所以会发生触电事故，就是因为人体是可以导电的。

大家都知道金属、水是

可以导电的。人体能够导电是因为在人体内含有大量的水，血液、淋巴液、脑脊液等主要成分都是水，人体的每个细胞里也充满着水，一个人的体重有70%都是水。因此，人体是可以导电的。

电线短路为什么会起火？

　　在电线里，有像水流一样沿着线路流动的电流。当电路短路的时候，在很短的时间内会产生一个很大的电流，这样的大电流通过很细的电线，在一瞬间就会产生很高的温度，把裹在电线外面的绝缘体烧毁，产生火花。此时，倘若周围有可燃物或者易燃易爆物品，就会引发火灾，甚至爆炸事故。

　　电线发生短路，主要是由于绝缘体损坏所引起的，导线和电器在使用了一定的时间之后都会存在一些老化的问

题，导致导线以及电器的绝缘体变薄或脱落，引发短路。所以，我们应该及时更新电路中老化的导线，淘汰老化的电器，才能最大地保障我们生命、财产的安全。

电池里为什么有电？

电池之所以有电，是因为在电池里面有化学物质，当这些化学物质发生化学变化时，化学能就会转变为电能。因为电池的容量是有限的，所以电池里的化学物质也是有限的。当化学物质用完时，化学能就会用完，所以电池所产生的电能是有限的。但是如果大家注意的话，就会发现电池用完了，放一段时间后又会有电。这是因为电池使用后期，电池内化学物质的吸收能力降低，使电池内阻增加，就像是河流中阻挡水流的石头变大，这样自然就致使电池内的化学反应速度降低，电池就不能用了。放置一段时间，电池内的化学物质的吸收能力暂时有所

转好，电池又能放电了，但是这是短暂的，电池会再次因为内阻增加而不能放电。因此这种放电的现象不会持久，电池很快就会彻底报废。

电是怎样输送到千家万户的？

  回到家里，打开电视，我们可以欣赏好看的电视节目；打开冰箱，我们可以喝到冰爽的饮料。还有许多家用电器都给我们的生活带来了极大的便利，而这一切的便利全部得益于电的作用。

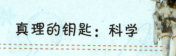

　　电是很重要的能源，能发光、发热，作为动力广泛地应用在生产和生活的各个方面。经济的发展、人们的生活一刻也离不开它。电是人类文明的使者。

　　可是，电是从哪里来的呢？是发电厂负责电的生产和输送。在发电厂里，有一排排巨大的好像大轮子一样的涡轮机，它的转动带动发电机产生电。然后，发电厂通过高压输电线路，穿越千山万水，把电送到每一个变电所。经过变电所的转换，电流到了工厂、学校、商店和各个住宅小区，照亮千家万户。

秘密墨水是怎么回事？

列宁被关在狱中时，曾用牛奶给外面的革命友人写信。这种一般人肉眼看不见、摸不着的字必须经过轻微加热、烘烤使之炭化后，才能看到写的内容。所以说，牛奶就是早期秘密墨水的一种。早期的秘密墨水除了牛奶，还有柠檬汁、生物体血液等天然有机物。很早以前，古希腊人就发现用胡桃、栗子等坚果可以制造秘密墨水。

随着科技的发展，人们把化学液体用到间谍工作中。在二战期间，德国的间谍训练专门有一项就

是掌握秘密药水的技巧。在作战期

间，如果只会用化学药水，会很不

方便，所以他们学会

了用阿斯匹林、轻泻剂、

酚酞、香烟灰和甘油等常用的物

品作为秘密墨水。

为什么甩干机能把湿衣服甩干？

冬天洗衣服真冷呀！尤其是像床罩、床单一类的较厚重的衣物，很难拧干。现在已经有了一种叫甩干机的机器可以帮助我们拧干衣服了。那么，你知道甩干机是怎样工作的吗？

其实这里面的道理很简单，我们可以用雨伞做个简单的实验。下雨天雨伞有很多雨水时，你握住伞把，转动雨伞，就会看到伞面上的水珠都被甩出去了。转得越快，甩出去的水珠就越快越多，这和甩干机的道理是

一样的。湿衣服放在甩干机里，一按电钮，甩干机就飞快地转动起来，衣服上的水珠就被甩出去了。所以，当我们从甩干机中拿出衣服时，衣服就已经比较干了。

为什么冰箱的门和体壁都做得很厚？

家用电冰箱的门和体壁都做得很厚，一般在40毫米~80毫米，显得

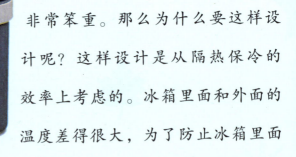

非常笨重。那么为什么要这样设计呢？这样设计是从隔热保冷的效率上考虑的。冰箱里面和外面的温度差得很大，为了防止冰箱里面

的冷气向外跑，冰箱的体壁和门都要达到一定的厚度。另外，冰箱体壁和门的厚度还要取决于选用的材料。厚度相同但材料不同，也会导致隔热效果不一样。为此，厂家在制造冰箱的体壁和门时，都会选用轻薄而且隔热效果良好的材料。

水能变成锋利的刀吗？

我们知道，水是"柔"的象征。那么水能变成锋利的刀吗？

我们给水施加上千个大气压，让它从细小的喷嘴中射出，形成速度达每秒几千米的高压水射流，这就是水刀。

我国研制的水刀可以对金属材料做精密切割，切缝只有0.2毫米，切缝边缘较光滑平整，切速快，噪音小，粉尘少，而且使用起来还很安全。

南水北调工程是怎么回事？

　　我国是一个物产丰富、幅员辽阔的国家。南方水多地少，北方地多水少，再加上气候的原因，北方严重缺水。为了缓和这一危机，国家决定实施南水北调工程，通俗地说就是把南方充足的水资源调到北方供人们使用。

　　南水北调工程是为了解决我国北方地区水资源严重短缺问题的特大型基础设施工程。这项工程总投资917.43亿元，本着"先节水后调水""先治污后通水""先环保后用水"的原则，分别在长江上、中、下游划了三个调水区，形成了南水北调的三条线路。

在太空制药有什么特别之处？

　　太空环境与地球环境不同，利用这一点，科学家在进行航天飞行时，总是在工作舱中进行医药实验。

　　那么，在太空制药有什么特别的地方吗？在太空制药，环境条件比地球要好得多。在太空中可提供无重力、高真空、无振动、无对流沉淀的理想环境，免除了使用含缺氧死亡

的微生物的空气和制药设备上的不纯物质等对药品的污染，大大提高了药物的纯度、药效和药品的生产效率。

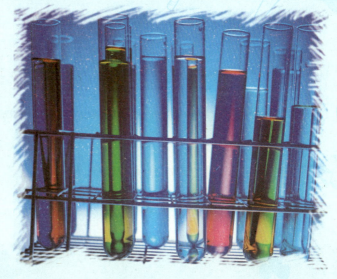

　　将来，改善记忆、抗衰老、提高智力、抗恐惧、治疗侏儒及一些疑难杂症的药物和纯粹而无污染的疫苗都可在太空实验室生产出来。

为什么要开发深层海水？

我们赖以生存的地球被称为"水球"，因为它的大部分都是海洋。

海洋辽阔神秘，它不仅有丰富的水产品，还有各种动物。但是海水很苦，不能吃也不能喝。可我们还是听到有关开发深层海水的消息，那么，为什么要开发深层海水呢？

深层海水具有水质清洁、富含营养、水温低、污染少的特点，日本现在利用深层海水生产酱菜、

酱油、豆腐、清酒等多种食品。利用深层海水生产的食品发酵快、口味纯正，深受欢迎。海洋200米深处，阳光几乎照不到，因而有机物分解速度加快，产生大量的氮磷等养分，为大量培养微细藻类提供了优越条件。利用深层海水进行水产养殖，鱼虾的成活率非常高。

你知道能使人发笑的气体吗？

　　有一种气体，我们只要闻到它就会发笑。我们把这种气体称为"笑气"，它的名字叫作"一氧化二氮"。笑气在空气中很少，大约只占空气体积的二百万分之一，所以在日常生活中，我们是呼吸不到笑气的。

　　刚开始的时候，人们对笑气感到非常害怕，觉得它会让

人生病。直到 1798 年，英国化学家戴维做了一个让他一举成名的实验：一边吸入笑气，一边记录自己发生的生理变化。他发现，笑气对神经有奇异作用，吸入少量的笑气就会使人兴奋不已而大笑起来。实验中，戴维还发现笑气可以止痛。后来，经过进一步论证，他得出这样的结论：吸入少量的笑气能使人进入麻醉状态。从此，笑气被用作牙科麻醉剂。

你知道能治百病的温泉吗？

　　曾经有人说他取到了圣水，这种水可以治疗疾病，以此来欺骗百姓，诈取钱财。那么，究竟有没有这种圣水呢？答案是肯定的，不过不像有些人说的那样神奇。

　　圣水只不过是温泉而已。我国是世界上温泉最多的国家

之一，有 2000 多处，遍布全国各地。温泉可分为碳酸泉、硫黄泉、放射性泉、含盐泉、单纯泉和碱泉等。

温泉为什么能治病呢？因为温泉水中含有一些对人体有益的微量元素和少量放射性元素。它可以加速血液循环，促进消化，增进全身新陈代谢，有利于炎症渗出物的吸收等。总之，温泉有解除疲劳，舒畅身心，增强体质，促进健康，治疗多种疾病的功能。

沼气为什么被称为廉价的燃料？

在我国的农村，很多家庭都在使用沼气。

沼气是一种混合气体，主要成分是甲烷，占 60%~70%；其次有 30% 左右的二氧化碳；另外还有少量的氢、氮、硫化氢、一氧化碳、水蒸气等。

沼气本身无色、无臭，它的酸臭味是沼气中的硫化氢等成分带来的。沼气可以点灯照明，也可煮饭烧水，用沼气代替汽油、柴油的效果也很好。沼气还可以用来发电，6 立方米左右沼气可发 10 度电。

沼气资源极其丰富，光

是人的粪便一项，如果利用起来，一个4000万人口的省份，一年就可以生产28亿立方米沼气，相当于190万吨汽油，用过的粪便还可作为优质的肥料。

为什么氢气被称为
最理想的能源?

大家知道,氢是宇宙中最丰富的元素。地球表面约71%为水所覆盖,而氢除了在空气中之外,主要储存在水中。因此可以说,氢是取之不尽、用之不竭的。

燃烧1克氢,可释放16千焦热量,大约是航空汽油热

值的 3 倍。氢是一种无污染的燃料，它燃烧后的产物是水，不会像煤和石油那样，燃烧后造成环境污染。

氢用途广泛，除了用于普通飞机和地面交通工具以外，还可以利用管道输送到家庭作为做饭、取暖和空调的能源。氢在运输和储存方面都很方便，用管道输送损失小。根据测算，用管道保存和输送氢气的费用，还不到电力输配费的 1/2。

因此，氢被称为最理想的能源。

如何利用风能？

风中包含巨大的能量，如果把风力开发出来为人类服务，那将是一笔巨大的财富。

科学家预测，全世界每年燃烧煤发出来的能量，只及风力在一年内可为我们提供能量的 1/3000。所以，有人将风能称作我们肉眼看不见的"无形的煤"。

由于风能的大小与风速的立方值成正比，因此，风力发电机应尽可能安装在理想的风场，这种风场称为"风力场"。近年来，各国在选定的"风力场"上集中了一大批风力发电站，联合向电网供电。

传真机是怎样
发送和接收书面资料的？

　　只要拨通对方的电话号码，对方马上可以看到你提供的图文资料，这就是神奇的传真机。

　　传真机发送资料时，对书面资料直接进行扫描，并把扫描的信息转变成电信号，通过电话线把电信号传到另一台传真机上。传真机接收资料时，把收到的电信号经过信号转变，再将书面资料复制出来就可以了。

　　传真机进行信号转变，主要

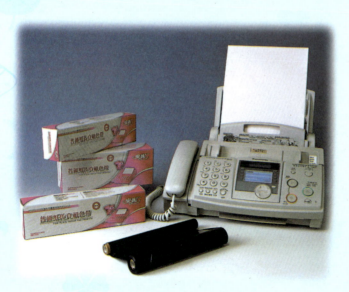

是由传真机的发送机和接收机来完成的。传真机的发送机是由一种具有光电转换作用的光电管组成的。光电管能够识别书面资料各部分的颜色及深浅，并把这些信息转变成强度不同的电信号，再经过电子电路的整形、放大、调制、编码之后，通过电话线路传输出去。传真机的接收机收到从电话线上传来的电信号后，立即对这些电信号进行放大、解调等处理，把电信号转换成图像信号，通过打印机把书面资料还原出来，这样就完成了传真机的主要工作。

霓虹灯为什么那么鲜艳夺目？

　　平淡无奇的高楼，夜晚霓虹灯亮起来的时候，就变得光彩夺目。我们不禁奇怪，为什么白天看上去无色透明的灯管，夜晚一通上电就射出红红绿绿、鲜艳夺目的光芒呢？

　　原来，霓虹灯里面加了几种无色的稀有气体，它们主要是氦气、氖气、氩气和氙气。这些气体又名惰性气体，体积只占空气的0.94%，它们的化学性质非常不活泼，不容易发生化学反应。但是，如果把氦气装到霓虹灯里，通电后氦气受到电场的激发，

就射出淡红色或黄色的光芒；如果把氖气加入霓虹灯，通电后就会发出红光；氩气会射出淡青色的光；氙气会射出青光。人们

就是根据这些特性，把它们分别装在想要的霓虹灯里。于是，夜晚我们就可以看见色彩斑斓的世界了。

为什么汽水瓶一打开就有很多气泡翻腾？

夏天里，我们一打开汽水瓶，就看到气泡翻腾，像是一杯煮开的热水似的。但是尝一口，还是那么冰凉爽口。这是为什么呢？

其实，汽水和糖水没什么不同，汽水不过是多加了一些二氧化碳。在汽水厂里，人们用很大的压力，把二氧化碳压进瓶子里，这样就成了汽水。喝汽水时，

58

因外面的气压比瓶内的气压小，我们一打开瓶子，二氧化碳就像出笼的小鸟往外跑去。所以就可以看见汽水翻滚的景象了。

为什么水会流动？

　　大家都看过流动的水，比如自来水、河水，但是，它们为什么会流动呢？

　　原来，不论什么东西都是由分子或原子组成的，分子和分子之间是有空隙的，但是各种东西的分子之间的距离是不一样的。分子和分子之间距离最大的是气体，所以气体没有一定的形状，它流动得最快。我们在太阳下可以看到有很多灰尘颗粒在浮动，就是因为空气里的分子在运动，它们撞击了灰尘，灰尘就会乱飞。

再比如金属、木头等固体物质，它们的分子和分子距离就很小，

因此能相互牢牢地吸引，所以固体物质都能保持一定的形状

和体积。可是液体的分子和分子之间的距离很大，相互的结

合就没那么紧密，相互的吸引力就很小，它的形状可以变化。

水是液体最具有代表性的一种物质，它会流动，没有固定的

形状和体积。

为什么要修建运河？

　　运河是一种人工开凿的航运渠道，可以用来连通江河、湖泊、海洋等水域，并能改善航运条件，缩短交通运输的时间和距离。

　　中国是世界上最早开通运河的国家，早在 2000 多年前就开挖成 30 多公里长的灵渠。之后开凿的京杭大运河是世界

上最长的大运河，它将海河、黄河、淮河、长江、钱塘江南北五大水系和大片地区联系起来，成了中国历史上名副其实的第一条贯通南北的运输大动脉。

金字塔的高度是怎样测量的？

　　金字塔是古代埃及国王的坟墓，是古埃及劳动人民智慧的结晶。金字塔建成于2600年前，是三棱锥形体，垂直高度是146.5米。建成以后，国王想知道自己的坟墓有多高，这在现在看来是很简单的一件事情，可是在2600年前却是难以测量。

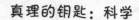

　　后来一个有名的学者法列士想了个方法，解决了这个难题。法列士是在他自己的影子等于自己的身高时才测量的。这时候，日光以45度的角度射向地面，那么由金字塔的顶点到塔底的中心点和阴影的端点之间组成的三角形是一个等腰三角形。这个等腰三角形的两端，即金字塔的顶点到塔底中心点的距离和塔底中心点到阴影端点的距离是相等的。塔底中心点到金字塔底端的长度法列士早就测量好了，就是金字塔底边的一半长。他又让人测出金字塔底端到阴影端点的距离，然后把这两个长度相加就得到阴影的距离了。这样，金字塔的高度就算了出来。

眼睛的感光物质

人的眼睛里有圆锥状和圆柱状两种细胞，圆锥状细胞分布在视网膜的中央，使我们在白天或明亮光线下能够看东西，圆柱状细胞则分布在视网膜的边缘，专门帮助我们在夜晚或微弱光线下看东西。

圆柱状细胞内含有一种叫作视紫红质的感光物质，视紫红质是由维生素A与一种蛋白质合成的。夜间，圆柱细胞在接受光的刺激时，需要一定量的维生素A做原料，才能发生化学反应，产生视觉。这样，维生素A就会被消耗。若它的消耗量过大，或者是得不到及时的补充，视紫红质就会减少，眼睛在微弱的光线下的视力也会随之降低，致使人在黄昏和比较昏暗的环境中看不清东西，甚至导致夜盲症。

为什么不能把录音机、电视机、录像机放在一起？

录音机、电视机、录像机，在使用过程中都害怕外界强磁场的影响。

彩色电视机之所以能显像是靠电视机内部的显像管，而磁场会使显像管受到干扰，从而使色彩失真，图像模糊，严重时还会使荧光屏青一块、紫一块，难以消除。

录音机和录像机受到磁场作用的影响，它们的音质和图像会变坏，噪声增大。而且，录音机和录像机都是磁性材料制成的，在外磁场的作用下会发生磁化，使原来带子上录制的信号减弱或消失，影响正常使用。

而且，电和磁是相互转换的，任何一台电器都会有电磁波向外界辐射。如果录音机、电视机、录像机放在一起，使用电视机时，电视机就会产生强烈的磁场，这个磁场必然会对录音机和录像机产生作用；同样，录音机和录像机使用时产生的磁场也势必给电视机带来影响。所以，在使用条件允许的情况下，尽量不要把它们三个摆在一起使用。

为什么人能听到自己的回声？

声音是以波的形式传播的，当声波在传播过程中遇到障碍物，就会被反射回来，形成回声。这个障碍物不一定是固体，也可以是液体和气体，例如，声波从热空气团传播到冷空气团，冷空气团会反射声波；天空中由密集的水滴形成的云层也会反射声波。

但是，只有当障碍物离得较远，发出的声音经过较长时

间回到耳畔，才容易分辨出回声和原声。障碍物离得太近，例如在高墙跟前或室内说话，声音很快反射回来，回声和原声差不多合在一起，分辨不出来，便感觉不到回声了。

为什么地铁在城市交通中变得越来越重要？

　　地铁与城市中的其他交通工具相比有很多优点：一是运量大，地铁的运输能力要比地面公共汽车大 7~10 倍；二是速度快，地铁在地下隧道内风驰电掣地行进，畅通无阻，速度比一般地面车辆快 2~3 倍，有的时速可超过 100 千米；三是无污

染，地铁以电为动力，不存在空气污染问题。此外，地铁还具有准时、方便、舒适和节约能源等特点。

现代社会中，由于汽车和人口越来越多，地面道路的运载能力始终有限，地铁在交通中的作用必定越来越重要。

自行车会被淘汰吗？

　　自行车问世有200年了，从笨重木制自行车到现在的电动自行车，其间经历了不断发展、完善的过程。人们对自行车的最大期望是骑行轻便、牢固耐用、物美价廉。因此，超轻合金与轻金属是自行车的设计者首选的车体材料。现在用铝材制造的自行车重量仅有9.1千克，用新材料制造的轮胎不怕针刺石戳，骑车时再也没有漏气补胎的烦恼。更有人设计出带有轻质流线型整流罩，将人体和车身罩入流线型车体内，减小了空气阻力，骑着更轻松。同时，有的自行车生产商在自行车的前后轮上都装上减震器，这样即使走在坑坑洼洼的路面上也不怕了。

　　虽然现在摩托车、轿车发展迅速，但是自行车以其便捷、价廉、无污染的优势，仍将长期受到人们的青睐。

为什么电车有"长辫子"？

　　电车和公共汽车一样，如今已经成为城市普遍的交通工具。我们常常可以看到电车拖着两根"长辫子"在行驶。就像汽车要靠燃油或燃气发动机来发动一样，电车是靠电来驱动的，但是它自己并不能给自己供电。电车所需要的电是从别处"借"来的，它的"长辫子"就是为了解决电的来源而设定的。这两

根"长辫子"实际上是带有触轮的集电杆，电车就是靠它们来与空中的电车专用电缆接触而获得动力的。

磁悬浮列车为什么开得那么快？

　　2003年，我国的第一辆磁悬浮列车在上海开始运营，标志着我国成为世界上第三个掌握磁悬浮技术的国家。

　　磁悬浮列车是一种利用磁极吸引力和排斥力的高科技交通工具。它主要依靠电磁力来实现传统铁路中的支承、导向、牵引和制动功能，其速度高达每小时517千米，但原理并不深奥。磁悬浮列车运用磁铁"同性相斥，异性相吸"的性质，使磁铁具有抗拒地心引力的能力，即"磁性悬浮"取消轮轨。它采用长定子同步直流电机将电供至地面线圈，驱动

列车高速行驶，从而取消了受电弓。列车在运行过程中，与轨道保持一厘米左右距离，处于一种"若即若离"的状态。由于避免了与轨道的直接接触，行驶速度也大大提高。

气垫船为什么能在陆上行驶？

气垫船能在水面上和陆地上轻快、平稳地行驶，是不是很神奇呢？

原因很简单，我们知道，如果你给物体一个推力，就能获得一个相反方向的推力，气垫船就是利用这个原理制造的。它在行驶的时候，向船底喷出又急又快的气流。这股气流产生托

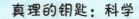

起气垫船的推力，推动船向前跑。船底与河水水面之间会出现一层气流层，好像"气垫子"一般，所以称为气垫船。

气垫船在陆上行驶时，也是利用向下喷出的气流把船身悬浮起来，但是因为地面没有水面平坦，气垫船离地面高一点时气流很容易逸散，造成托力不足；离地面低一点的时候，又很容易撞坏船底。后来，人们在气垫船底围上一圈橡胶，气流被约束在橡胶圈内，然后从橡胶圈下泄出，因此气垫增厚很多，气垫船也被抬高很多。只有这样，气垫船才能真正地在陆地上行驶。

飞机失事后为什么要寻找"黑匣子"?

飞机失事后，一切都被烧坏或者摔坏了，为什么黑匣子却能够保存下来呢？

这是因为，黑匣子一般安装在不易被火烧，也不易摔坏的飞机尾部，它能承受100倍于本身重量的载荷冲击和1吨的断裂载荷，而且经过一个月以上的海水、淡水和其他任何液体的浸泡而不受影响。

当飞机失事后，黑匣子每秒钟会发出一次讯号，一般讯

号期有 30 天，但一般在 20 天后，讯号就会减弱，有时电池电力不足时，减弱时间也可能提早。黑匣子是能给飞机事故的分析提供重要情报的依据，有时候也是唯一的依据，所以失事后必须寻找它。

为什么客机上没有降落伞？

军用飞机发生事故或者被击毁时，驾驶员总会跳伞逃生，降落伞成了生命的护身符。可是，客机上却没有降落伞，这是为什么呢？

虽然跳伞是很好的逃生手段，但对于没有经过训练的人来说，跳伞也是相当危险的。在不明飞行高度以及速度，并且搞不清下方地形的情况下匆忙跳伞，也很容易造成伤亡事故。

假如客机为乘客准备降落伞，那么稍有机械故障，或者机身晃动，一些不明真相的乘客要求跳伞，就会造成整个机舱的乘客慌乱。事实上，飞机的小晃动或者机械故障可能是正常情

况或是能够排除的。另外，为了使乘客感觉更加舒适，飞机上保持了同地面一样的大气压，这样机内的气压就大于机外高空的大气压。所以，在空中客舱的门是不可能打开的，因此也就无法跳伞了。

什么是全球定位系统？

全球定位系统最先是美国在 1994 年建成的，是具有在海、陆、空进行全方位的导航与定位能力的新一代卫星导航与定位系统。

全球定位系统具有性能好、精度高、应用广、不受天气影响等多种优点，是迄今最好的导航定位系统。用户只要装备接收装置就可以接收系统的信号进行导航定位，不要求用户发射任何信号，因而体积小而灵活，这种被动式导航不仅隐蔽性好，而且可以容纳无

限的用户。随着全球定位系统的不断改进、完善，其应用领域正在不断地拓展，目前已遍及国民经济各种部门，并开始进入人们的日常生活。换句话说，只要身上携带了接收装置，无论你在哪里，全球定位系统都能很快地找到你。

为什么飞机上不能用手机?

　　飞机在空中是沿着规定的航线飞行的，整个过程都要受地面航空管理人员的控制和指挥，而管理人员的一切操作都要利用无线电波来进行。移动电话也是利用无线电波传递信息的，由于这两种无线电波频率接近，如果碰到一起会相互干扰。因

此，为了飞机的安全着想，飞机上的手机必须关机。

移动电话工业界也表示，他们无法营造特殊的信号塔，使信号能够在9900米的高空传播960公里远。因此，飞行中不得使用手机的禁令也就无法解除。